# DES MOYENS

# DE PACIFICATION GÉNÉRALE

## OU

## EXPOSÉ DE DEUX PROPOSITIONS

### PROPRES A PARALYSER LES

# GUERRES INTESTINES

## ET INTERNATIONALES.

### PAR M. A. BOISSONNEAU,

CHEVALIER DE L'ORDRE ROYAL DE LA COURONNE DE CHÊNE,
CHARGÉ DU SERVICE DE LA PROTHÈSE OCULAIRE
DANS LES HOPITAUX DE PARIS.

Celui qui repousse des remèdes nouveaux
doit s'attendre à des calamités nouvelles.
(ROGER BACON.)

PARIS. — 1849.

IMPRIMERIE DE HENNUYER ET Cᵉ, RUE LEMERCIER, 24.

BATIGNOLLES.

1849

Notre système, conçu au moment de la sanglante insur-
rection de juin, ne fut point d'abord destiné à la publicité
qu'il reçoit aujourd'hui. Mais, par suite du fatal privilége
dont Paris jouit de provoquer à son exemple le déchaîne-
ment des passions politiques à l'étranger, je me hâtai,
quelques jours après ces événements, d'adresser aux gouvernements les principales observations qui constituent
la base de ce travail. Mon espoir était de parvenir à étouffer, dès leur naissance, ces odieuses conjurations contre
l'ordre public, qui, depuis l'époque dont je parle, ont ré-
pandu le trouble et l'anxiété dans des cités paisibles.

L'importance du sujet de cet écrit et le parti qu'il est
encore possible d'en tirer, en faveur de la tranquillité des
nations, m'ont ensuite conduit à développer ces éléments
imparfaits et à les compléter par l'état raisonné et compa-
ratif de la science aérostatique en elle-même, et principalement dans l'application que j'en fais, à l'extinction des
guerres internationales et à la répression des insurrections
à main armée.

# DES MOYENS

## DE PACIFICATION GÉNÉRALE,

ou

### EXPOSÉ DE DEUX PROPOSITIONS

Propres à paralyser les

# GUERRES INTESTINES

## ET INTERNATIONALES.

———◦◦◦———

Débarrassant mon esprit des suggestions dangereuses de la gloire des conquêtes, considérant l'état d'épuisement où la guerre, même la plus heureuse, plonge les États, en laissant au vainqueur, pour toute satisfaction, la vue d'un vaincu encore plus affaibli que lui ; déplorant enfin les maux de toute espèce dont elle afflige l'humanité et le temps d'arrêt qu'elle imprime à la marche, déjà si lente, du progrès, je me suis dit : la guerre est un mal.

La guerre est un mal, et cependant, par une fatale conséquence des mauvaises passions humaines, elle peut sembler indestructible et en quelque sorte inhérente à l'existence des nations. D'une part, en effet, nous voyons aujourd'hui des hommes d'égoïsme et de personnalité, cachant leur ambition sous les dehors trompeurs de l'intérêt général, transformer en théâtre l'arène politique où ils s'attribuent les premiers rôles et troubler, par de folles espérances, les esprits faibles ou confiants, sans s'inquiéter, le moins du monde, du dénoûment du drame dont leurs déclamations insensées ont provoqué l'explosion. De l'autre, de déplorables préjugés ont établi entre les peuples des rivalités nationales et politiques qui, faisant dépendre la prospérité des uns de la ruine des autres, créent un état permanent d'antagonisme, que le hasard des événements transforme tôt ou tard en guerre ouverte. Toutefois, la marche toujours ascendante de la civilisation depuis des siècles permet d'espérer, sans utopie aucune, qu'à un tel ordre de choses se substituera, dans un avenir prochain, une concordance politique sous l'influence de laquelle les peuples trouveront leur bonheur dans l'heureuse fusion des intérêts des diverses nationalités, et dans le respect des droits existants de tous les citoyens.

Et, en effet, lorsqu'à la naissance des sociétés, les hommes vivant en tribus séparées, sans lois sociales, sans liens communs, sans notions définies des principes du droit, du juste et de l'injuste, cherchent à acquérir par la force, par la conquête brutale, le bien-être qu'ils ne savent point se procurer par le travail, la guerre alors est en honneur; elle forme l'occupation des principaux citoyens, et le génie des nations, exclusivement tourné vers les entreprises belliqueuses, ennoblit tout ce déplorable cortége d'incendies et de massacres qu'elles traînent à leur suite. Seul, le droit de la force gouverne les sociétés et préside aux relations internationales des peuples.

Le christianisme substitue à ce droit celui de la justice. Par lui la civilisation, se dégageant peu à peu des ténèbres de la barbarie, amène graduellement une complète transformation dans l'existence matérielle et dans les habitudes morales des sociétés. Par l'effet du progrès des lumières, la guerre, hors certains cas exceptionnels, cesse d'être considérée comme légitime; elle n'occupe plus le premier rang et cède la prééminence aux conquêtes de la science, de l'industrie et du commerce, dans lesquelles les peuples trouvent enfin les véritables éléments de leur puissance et de leur grandeur.

Dès les premiers temps de l'histoire moderne, on rencontre à diverses époques des puissances dont les vues ambitieuses et l'organisation de grandes forces militaires menacent l'existence des États voisins et les entraînent tout naturellement à des armements proportionnels. C'est d'abord Charles-Quint, que de grands moyens de succès et de grands talents pour les exercer, faisaient aspirer à réaliser le rêve de la monarchie universelle. Vint ensuite Louis XIV qui, donnant à ses moyens d'attaque et de défense un déploiement inconnu jusqu'alors, contraignit toutes les puissances européennes à augmenter leurs armées. Et c'est sans doute ce qui, au dix-huitième siècle, conduisit le Grand Frédéric à la transformation de son petit royaume, qu'il éleva au rang des grandes puissances et à l'état permanent d'un effectif considérable, que ses successeurs durent augmenter encore lorsque les guerres de Napoléon eurent excité les justes alarmes de l'Europe. A cette époque ce n'était plus l'esprit guerroyant qui servait de mobile, c'étaient des peuples tout entiers qui, pour mettre fin à ce que les guerres avaient de ruineux et d'horrible, entreprirent une campagne, dont les maux inévitables jetèrent le besoin de la paix dans l'âme des vainqueurs et des vaincus !

La paix fut enfin conclue aux acclamations réitérées de l'Europe dont l'activité intellectuelle, si longtemps entravée, s'étendit dès lors avec ardeur vers les travaux utiles des sciences, de l'industrie et du commerce. Partout des relations d'intérêt s'établirent entre les nations pacifiées, et fortifièrent les garanties d'union données par les traités. Les princes augmentèrent encore l'impulsion des idées progressives en bornant désormais leur ambition à la conquête des moyens qui pouvaient assurer le bonheur de leurs sujets. L'esprit pacifique ayant ainsi acquis une suprématie absolue, les guerres de conquêtes devinrent désormais odieuses et par conséquent impossibles. Les seules légitimes, celles de l'homme sur la nature et des lumières sur l'ignorance, assurent l'avénement de l'ère civilisatrice et de concorde qui se prépare, et vers laquelle le monde moderne se trouve irrésistiblement entraîné.

Un penseur éminent, Montesquieu, signalait, il y a un siècle déjà, les résultats inévitables des tendances industrielles sur le perfectionnement des sociétés : « L'effet naturel du commerce, dit-il, est de porter à la paix. Deux nations qui négocient ensemble se rendent réciproquement dépendantes. Si l'une a intérêt d'acheter, l'autre a intérêt de vendre, et ces besoins réciproques fondent ainsi des besoins communs de paix et d'union. » On comprend dès lors toute l'importance de l'extension du mouvement industriel et commercial qui caractérise notre époque. Si, comme nul ne le conteste, la fusion des intérêts, et les rapports nombreux et rapides que les nouveaux moyens de communication établissent entre les différents peuples, constituent un des plus puissants auxiliaires de pacification, combien, dès lors, n'est-on pas en droit de considérer les alliances industrielles comme les précurseurs des alliances politiques et comme le dénoûment principal de la grande crise qui agite aujourd'hui l'Europe !

Malheureusement l'esprit démagogue, sorti, depuis le 24 février, des antres obscurs où il se blottissait, entrave momentanément la réalisation de ces tendances civilisatrices, et ôte aux gouvernements la faculté de réaliser leurs intentions bienfaisantes. De lourds armements militaires pèsent encore aujourd'hui sur les finances des divers pays, et cependant les gouvernements ne pourraient les réduire sans exposer à d'affreux périls les peuples placés sous leur protection. Ce temps d'arrêt, imprimé à la marche du progrès, chacun en connaît la source. Semblable à certaines affections émanées des humeurs impures de notre organisme, et qui, se manifestant sur l'un de nos membres, finiraient insensiblement, sans le secours de l'art, par menacer le corps humain tout entier, les orages révolutionnaires ont engendré de funestes doctrines qui, reléguées naguère encore dans les bas-fonds sociaux, menacent sourdement aujourd'hui l'ordre social tout entier, et envahiraient successivement, sans l'énergie des gouvernements, les classes peu éclairées des divers pays d'Europe. Par elles la soumission aux lois est taxée de faiblesse, la morale religieuse de tromperie, le travail d'acte de servitude au profit des oisifs ; l'ordre social, en un mot, est présenté comme le fruit d'une odieuse tyrannie, condamnée à disparaître bientôt ! Les adeptes de ces doctrines affreuses suppléent par le crime et l'audace à leur infériorité numérique. La fraude, la violence, la négation des principes de la morale et du droit, tels sont les degrés qu'ils parcourent pour créer, à l'aide des mauvaises passions populaires, de sanglantes émeutes, que ces hommes pervers transforment bientôt en révolutions exploitées à leur profit.

Peut-être objectera-t-on que plus d'une révolution entachée du vice originel que nous signalons a été revêtue de la sanction du pays. Mais là n'est pas la question. Les points essentiels à examiner, ce ne sont ni les conditions du fait en lui-même, ni ses conséquences, quelles qu'elles soient. Nous n'envisageons ici que la question du droit en lui-même, et sous ce rapport, il nous serait facile d'établir que tous ces revirements soudains, fastueusement décorés du titre de révolutions, n'ont été que des émeutes habilement conduites, et couronnées de succès à la faveur d'une fausse sécurité d'un gouvernement, et de promesses illusoires des principaux meneurs, promesses semblables à celles que fit jadis Catilina aux hommes pervers qu'il conduisait.

Que l'on me cite une nation qui, se levant en masse, proteste contre les tendances du pouvoir, ou lui signifie légalement qu'il n'a plus sa confiance, et je serai le premier à m'incliner devant cette manifestation imposante. Mais que l'on cesse d'affirmer, au mépris de la raison et de l'honneur des nations, qu'un peuple ayant la conscience de sa force, de sa puissance et de ses droits, se livre à des excès monstrueux qui n'attestent, tout au moins, que l'ignorance et la faiblesse ! Qui oserait affirmer, par exemple, que si toute la France se fût trouvée à Paris le 24 février 1848, cette capitale eût été témoin de la dévastation des palais royaux, qu'elle eût vu lacérer des tableaux de grands maîtres, briser des vases de prix et des statues d'un travail précieux, mutiler des mosaïques, incendier de brillants équipages, et que la populace se fût endormie, gorgée de vins exquis dans les caves princières ! Entre les royautés et les peuples, il y a un mariage politique, de même qu'il y a union sociale entre l'épouse et l'époux. Or, je le demande, quand un mari divorce, brûle-t-il sa maison, les meubles et autres objets qui ont été à l'usage de sa femme ?

Une cause où de tels excès sont à déplorer, offre une preuve de plus que l'œuvre est le crime de quelques misérables, dont toutes les passions furent mises en jeu pour servir au triomphe d'ambitions longtemps comprimées, de haines personnelles ou d'intérêts privés, avides de se satisfaire. Quel fut le résultat immédiat de cette coalition intime d'intérêts subversifs ? Que l'on nous permette, avant d'arriver au sujet direct de cet écrit, une courte réponse à cette question si fertile en enseignements.

Les précepteurs politiques de cette fraction turbulente du peuple ayant hasardé le mot de *république*, les uns s'en emparèrent comme conquête personnelle, les autres l'accueillirent comme une conséquence théorique de la situation. Ceux-ci s'appliquant à calmer les exigences des mauvaises têtes de leur parti, de manière à pouvoir, tôt ou tard, rétablir l'équilibre des éléments dérangés ; ceux-là, au contraire, exaspérant le pays par le rapprochement de 93, et justifiant, par d'audacieux sophismes, les excès monstrueux des héros de cette sanglante époque. Quant à la masse de la nation, étourdie par un évévement aussi étrange qu'imprévu, elle se borna à attendre le terme naturel d'un ordre de choses conçu par l'anarchie et la violence.

Ainsi donc, le mot *république* signifiait pour les uns : gouvernement de la chose publique sous l'influence directe de la nation avec le vote universel, diminution des impôts, accès à tous les emplois sans le secours du patronage, égalité des conditions, liberté illimitée, fraternité à toute épreuve, sacrifices volontaires, abnégation personnelle, dévouement absolu, enfin tous ces rêves de l'âge d'or que pourrait tout au plus réaliser un peuple parvenu au dernier terme de la perfectibilité humaine, c'est-à-dire exempt de vices et ne pratiquant que la vertu.

Pour les autres, le même mot était l'emblème d'un bouleversement complet de tous les rouages administratifs, sans égard pour la capacité ou les services, et signifiait : licence effrénée, liberté des représailles, déplacement des capitaux de l'État au profit des déshérités de la fortune ; enfin tous les fléaux, tous les dévergondages d'idées qui feraient descendre au dernier rang la nation qui voudrait les appliquer.

Quelques membres recommandables du gouvernement provisoire, victimes de leurs illusions, s'appliquèrent à persuader à la populace, sourdement travaillée, qu'elle était douée d'une honnêteté d'instinct et d'une élévation de sentiments qui lui tenaient lieu de lumières. Celle-ci fut-elle dupe de ce langage adulateur ? Il est permis d'en douter, tant il est difficile à l'homme de se tromper sur l'état de son cœur et de sa nature. Quoi qu'il en soit, nous l'avons vue, pendant quelques semaines, offrir tous les dehors de la vertu, du dévouement, de la fraternité et même de l'ordre. Tout à coup, par ennui, fatigue ou désœuvrement peut-être, elle lève le masque, se dessine avec ses véritables allures, et l'aurore du 23 juin la retrouve maudissant ce qu'elle appelle la mauvaise république, et se cachant derrière des barricades que couronne le drapeau symbolique des doctrines impies qui viennent armer son bras parricide.

De semblables épisodes, amenés par des causes analogues, ont tour à tour ensanglanté plusieurs grandes capitales de l'Europe, et, par la menace sinistre de leur retour, tiennent les nations dans un état perpétuel d'angoisses et d'anxiété. Sans doute que par le progrès continu des lumières, et la fourberie, démasquée chaque jour plus clairement, des fauteurs de ces insurrections impies, les théories antisociales ne parviendront jamais à renverser la civilisation, et que les aveugles instruments de ces impuissantes tentatives finiront eux-mêmes, du moins en grande partie, par chercher le bonheur de leur existence dans une fusion intime sous les lois générales de la société. Déjà les tendances industrielles et civilisatrices, que nous signalions tout à l'heure, ont puissamment contribué à étouffer partout les progrès de l'esprit démagogique. Mais que de larmes paraissent devoir précéder encore l'extinction complète de ces rêves ambitieux, et combien est impérieuse la nécessité de songer sérieusement à la réalisation de moyens propres à prévenir leur sanglante explosion !

Si donc il apparaissait un système de défense, susceptible de neutraliser les efforts de l'anarchie, et de ne pouvoir, par l'étendue de ses préparatifs, être employé par elle, sans éveiller l'attention vigilante de l'autorité ; évidemment son application immédiate serait pour les gouvernements une garantie assurée contre les événements ultérieurs. Ce système, je l'atteste dans toute la sincérité de ma conscience, je crois l'avoir trouvé. J'éprouve intime et profonde la conviction que par lui toute guerre devient impossible, toute tentative insurrectionnelle peut être réprimée aussitôt que conçue, et que désormais les institutions publiques pourront se développer au sein de la paix, au grand avantage des sciences, de l'industrie et de la prospérité publique.

J'entre, sans plus de commentaires, dans la théorie des deux points essentiels qui constituent mon système, à savoir : l'emploi des aérostats comme machines de guerre, et celui de redoutes portatives, abritant leurs défenseurs contre les coups d'un ennemi insurrectionnel. Avant d'aborder ces deux points, que l'on me permette quelques considérations préliminaires, tant sur les aérostats en eux-mêmes, tels que la science les a laissés jusqu'à ce jour, que sur la possibilité de compléter les moyens d'action qui peuvent les approprier aux voyages de long cours.

*Des aérostats.* — On donne ce nom à l'enveloppe du gaz hydrogène ou de l'air dilaté qui, par sa légèreté spécifique, soutient l'appareil dans les airs. Le *ballon* étant la pièce la plus essentielle de l'appareil aérostatique, on désigne communément le tout par cette partie ; comme moyen d'abréviation, il nous arrivera parfois d'employer cette dénomination, consacrée par un long usage.

Lorsque l'aérostat est abandonné à lui-même et dégagé de tout contre-poids tendant à rétablir l'équilibre, la pesanteur spécifique de la colonne d'air, l'élève rapidement et lui permet de transporter des corps d'un poids relatif à son volume, ou plutôt à la quantité de fluide éthéré non comprimé qu'il contient.

Quelque importante que soit cette découverte, elle n'a encore donné de résultats utiles qu'en servant à des expériences scientifiques sur la composition de l'air des régions supérieures, et à quelques reconnaissances militaires en présence de l'ennemi. L'impossibilité de faire monter et descendre l'appareil à volonté, à travers les courants d'air à la merci desquels il reste abandonné, en a, pour ainsi dire, restreint l'usage à des excursions entreprises comme objet de spéculation sur la curiosité publique. A plusieurs reprises cependant, des savants de différents pays se sont livrés, dans le but de leur appliquer quelques moyens de direction, à de périlleuses ascensions, et si aucune solution satisfaisante n'a été obtenue jusqu'ici, on doit du moins à ces tentatives des observations d'un haut intérêt.

Ce problème, si vaste par les conséquences de sa solution sur l'état social, n'a donc point cessé d'être, de la part des penseurs, l'objet de continuelles méditations. Dans ma modeste sphère, j'en ai fait également l'objet de préoccupations, dont je me hâte de faire connaître les résultats. Je n'entends point tracer, quant à la manœuvre des aérostats, des règles définitives, ni même absolues; mais seulement établir, à l'aide de principes puisés dans un ordre de faits acquis à la science, quelques jalons à l'aide desquels les hommes spéciaux seront infailliblement conduits à la solution de cette grave question.

Dieu, dans sa sagesse infinie, n'a caché aucune partie des lois extérieures qui régissent l'univers. Il tient ouvert à tous les mortels le grand livre de la nature, c'est à eux d'y lire en étudiant les symptômes et les phénomènes physiques qui apparaissent à leurs yeux. Et s'il n'entre point dans la grandeur de ses intentions de nous révéler les origines, les lois premières et l'essence même des choses ; l'homme, cette belle manifestation de la puissance divine, élève-t-il trop haut ses vues ambitieuses, en aspirant aux moyens de dompter les airs, de même qu'il dompte les fleuves, parcourt les mers, asservit le globe à ses besoins, et que sa pensée, que nulle distance n'arrête, ramène encore sous son empire les astres qui fuient en vain dans les déserts de l'espace? Nous ne le pensons pas, et, dans notre conviction, la prévoyance divine a disposé son œuvre de manière à assurer et étendre chaque jour davantage l'empire de l'homme sur la nature. Sans aucun doute, le temps n'est pas éloigné où nous pourrons raser la terre en ballon, nous y arrêter à point fixe, nous élever aux dernières régions atmosphériques, avec la même sécurité, la même liberté d'exploration que sur la mer, dont les mille écueils ne nous trouvent aujourd'hui impassibles que parce que l'étude, depuis des siècles, a fixé leur nature et la puissance des moyens qui nous les font éviter.

La planète que nous habitons étant entourée circulairement d'une immense colonne d'air, dont les couches, de densités différentes, parcourent, dans une étendue considérable, des directions horizontales que les influences du vaste ensemble atmosphérique exposent à de fréquentes variations, le problème à résoudre en faveur des ballons propres aux voyages réside donc tout entier dans les moyens d'utiliser, au profit de leur direction horizontale, les divers courants atmosphériques. Les mouvements verticaux pouvant, par notre système, ainsi qu'on le verra plus bas, s'opérer promptement et à volonté, permettent de reconnaître avec assurance la marche de ces courants et font consister la solution du problème dans la puissance ascendante et descendante qui est propre à mon appareil.

La possibilité d'arriver un jour à tirer un parti favorable des machines aérostatiques pour la navigation aérienne a été résolue, déjà, par un grand nombre de savants illustres. « *C'est l'enfant qui vient de naître*, disait Franklin aux détracteurs de cette découverte, dont il ne put voir que les premiers essais, et nul doute que cet enfant de la science ne fût homme aujourd'hui, s'il n'eût été abandonné par suite du découragement de ceux mêmes qui pouvaient faire son éducation. Guyton de Morveau, Monge, Meunier, et plusieurs savants contemporains n'ont reconnu que des difficultés financières à la solution du problème qui nous occupe. Ce dernier, dans un Mémoire publié peu d'années avant la fin du dernier siècle, mais qui offre encore aujourd'hui même le tableau le plus complet, le plus fidèle de ce que la mécanique et la physique ont fait en faveur de la navigation aérienne, établit, par des calculs rigoureux, qu'elle pouvait être réalisée à l'aide de ressources suffisantes. Quoi qu'il en soit du chiffre des dépenses réclamées par l'application des anciens systèmes, nous avons la satisfaction de présenter un appareil qui, par sa simplicité, n'exige point dans son exécution l'emploi de sommes considérables.

Quant à la question de direction horizontale, elle découle trop naturellement de notre sujet et du système conçu par le savant académicien, pour que nous puissions nous dispenser d'en dire quelques mots.

Deux enveloppes, qu'il nomme *imperméable* et *de force*, constituent la partie essentielle de son appareil. La première, composée de taffetas gommé, enduit de caoutchouc, est plus grande que le volume du gaz qu'elle contient, afin qu'elle ne soit jamais complétement tendue et qu'aucune force ne sollicite le fluide à traverser la mince cloison qui le sépare de l'air atmosphérique comprimé, contenu entre cette cloison et l'enveloppe de force. Celle-ci, qui est en toile épaisse, et dont la résistance est augmentée à l'extérieur par un réseau de cordes, est recouverte d'un enduit, et communique, par un tuyau de même matière, avec la gondole, dans laquelle une pompe foulante est établie et porte, dans cette enveloppe de force, l'air atmosphérique qu'elle comprime. Ce système a pour objet l'augmentation de la pesanteur spécifique de l'appareil, afin de lui procurer un moyen de descente. S'agit-il de remonter, on livre une issue à l'air comprimé, et la densité s'affaiblissant à mesure qu'il s'échappe, le ballon regagne ainsi le courant qui doit le diriger.

Tels sont, en résumé, les caractères généraux du Système Meunier, système remarquable sous plusieurs rapports, mais généralament vicieux dans les propriétés mêmes qui résultent de ses propres améliorations. Ainsi, la quantité d'hydrogène contenue dans l'appareil étant invariable, l'aéronaute ne possède aucun moyen de s'élever dans les régions supérieures, et de pouvoir se prémunir contre les éventualités périlleuses de couches atmosphériques bouleversées par les orages. En outre, *l'enveloppe de force* n'est acquise qu'aux dépens de la légèreté indispensable aux aérostats, et la toile dont elle est formée quintuplerait, au moins, le poids du tissu formant l'enveloppe imperméable. Cette augmentation devait inévitablement mettre l'appareil hors d'état d'opérer l'ascension, non-seulement de voyageurs, mais encore du personnel réclamé par son service, ainsi que des approvisionnements inséparables d'un long voyage, à moins d'une augmentation prodigieuse, impossible des dimensions de l'appareil.

Notre but, en signalant l'insuffisance des prévisions de Meunier, est de faire mieux sentir la profondeur des vues de ce savant ; car son mode de variation du poids de l'appareil constitue, à n'en pouvoir douter, l'élément essentiel de la solution cherchée, et je ne puis attribuer le succès qui a couronné mes recherches qu'à l'observation du principe dont il a trouvé le germe.

A la gondole de Meunier, je substitue une embarcation pontée, construite en fer ou en cuivre laminé, d'une faible épaisseur, à l'exception de la partie centrale qui, formant le réservoir du gaz comprimé, doit offrir une certaine résistance. Les deux parties extrêmes de l'appareil forment deux chambres ou cabines à l'usage des voyageurs ; la partie centrale du tillac, traversée par le réservoir, porte une machine de compression ou pompe refoulante, simple ou multiple, sur les pistons de laquelle agit une roue de volée de faible dimension, qu'un seul homme (le conducteur) peut mettre en mouvement. A l'aide d'un conduit tubuliforme, la machine se trouve en communication avec l'aérostat, pour y introduire ou en retirer une partie du gaz, suivant que la charge oblige à diminuer ou à accroître sa puissance.

Pour répondre à toute éventualité d'accident, l'appareil inférieur

est relié à l'ensemble de manière à pouvoir s'en détacher facile-
ment par une simple manœuvre. L'embarcation, ainsi disposée,
conserve, dans tous les cas, son centre de gravité ; munie d'ailleurs de roues à hélices mues à la main et de quelques paires de
rames, elle devient, dans l'éventualité d'un accident en pleine mer,
un excellent moyen de sauvetage. En outre, les cavités du réservoir
à gaz et des cabines offrent, par leur nature même, un principe
absolu d'insubmersion.

Le ballon est construit au moyen de la *gutta-percha*, plante ori-
ginaire de l'Inde, et de laquelle les arts industriels obtiennent des
tissus d'une solidité extraordinaire, que n'atténue en rien leur légèreté. Ces tissus, à l'aide d'un vernis tiré des sucs mêmes de la
plante, sont rendus imperméables et inaccessibles aux principes
destructeurs qui menacent toutes les étoffes employées jusqu'ici.
La solidité de l'appareil, décuplée par ce vernis, acquiert plus de
puissance encore par le concours du filet, de même matière, qui
enveloppe le ballon et sert à la suspension de l'embarcation nautico-
aérienne. Les cordages qui en dépendent servent, en outre, après
leur réunion sous le ballon, à la suspension de la nacelle.

Ces deux parties de l'appareil sont mises en communication par
un tube conducteur qui, eu égard à la souplesse qu'il doit offrir,
sera construit de la même étoffe. Ce tube n'est, par le fait,
qu'une prolongation inférieure du ballon proprement dit, et,
n'ayant point d'effort à supporter, ne peut, en aucun cas, éprouver
de tiraillement.

La force ascendante, au moyen du réservoir de gaz comprimé,
peut varier à l'infini. On la diminue par le refoulement du fluide,
de même qu'on l'augmente par son dégagement, ou en lâchant
dans le ballon, à l'aide d'une soupape, un courant d'hydrogène pris,
au besoin, dans un réservoir d'approvisionnement. La compressibilité du gaz étant illimitée, le nombre des voyageurs pourrait être
porté sans inconvénient du minimum au maximum, puisque l'on
possède la faculté incessante d'augmenter ou de diminuer, selon le
besoin, la puissance d'ascension.

Notre appareil, on le voit, est très-simple, et, pour ne point s'en
exagérer la pesanteur, il suffira de considérer qu'agissant sur l'un
des fluides les plus élastiques, nous n'avons à contrebalancer aucune puissance de résistance pour le porter au réservoir, duquel
d'ailleurs il se dégage par une soupape particulière, qui correspond
au tuyau conducteur.

Ces considérations suffisent à faire comprendre le système de direction horizontale. L'aéronaute, guidé par une boussole et un baromètre d'ascension, pourra désormais, et sans obstacle, trouver dans les différentes couches d'air, celles dont la direction peut conduire l'aérostat vers son but. A l'aide d'un sextan, ou d'un cercle de Borda, le conducteur se tiendra au courant des latitudes sans rencontrer, pour arriver à point fixe, de difficultés plus grandes que celles que surmontent les marins, puisqu'au moyen des pompes refoulantes et de la soupape de dégagement il aura, ainsi que nous l'avons déjà dit, le pouvoir d'augmenter ou de modifier subitement la puissance ascendante et descendante de l'appareil.

Les mouvements verticaux pouvant avoir lieu très-rapidement, la reconnaissance des courants propres à la marche sera non moins facile à opérer. Rien ne s'oppose à ce qu'elle ne s'effectue méthodiquement, par cette faculté, dont dispose le conducteur, de varier à l'infini, et sans aucune déperdition de gaz, la puissance de son aérostat. La vitalité du système réside donc essentiellement dans l'application de la compression du gaz, laquelle, comme nous l'avons dit, est illimitée. Cette question posée et résolue, nous pouvons, dès aujourd'hui, reconnaître que la possibilité des voyages aérostatiques se trouve à notre disposition, de même que la puissance de la vapeur était dans les mains de Fulton, lorsque sa proposition fut repoussée par l'Institut, comme une conception absurde et chimérique.

Ainsi donc, notre système ne présente aucun auxiliaire susceptible de diminuer la légèreté et la puissance d'ascension de l'appareil. Celle-ci, comme nous l'avons vu, peut être augmentée ou modifiée spontanément à l'aide du réservoir de gaz comprimé et de la machine de compression, laquelle retire du ballon les quantités d'hydrogène propres à effectuer la descente d'une région atmosphérique dans une autre, et même jusqu'à terre, tout en maîtrisant cette descente à volonté. Meunier ne parvenait à opérer cette manœuvre qu'en augmentant le poids de son appareil ; c'est par une disposition contraire, c'est-à-dire, en diminuant la puissance ascendante, que j'arrive à ce résultat. Mais je suis convaincu que s'il avait dirigé l'action de sa pompe refoulante sur la compressibilité du gaz, il eût été conduit à un succès imminent. Et, en effet, l'exposé de son système témoigne qu'il ne s'est attaché à atténuer les inconvénients particuliers à cette lourde enveloppe extérieure qu'il appelle *enveloppe de force* que comme une conséquence inévitable du principe vicieux de l'emploi de l'air comprimé, seul moyen dont il disposait pour les mouvements verticaux.

En résumé, la supériorité de mon système sur ceux proposés jusqu'à ce jour est constatée :

1° Par la faculté de pouvoir descendre sur un point déterminé, et remonter à volonté jusqu'aux régions les plus élevées, par le moyen d'un appareil qui, réglant ou modifiant la force d'ascension, permet d'occuper les régions propres aux manœuvres, sans entraîner ni l'augmentation, ni la diminution de l'approvisionnement d'hydrogène ;

2° Par l'emploi, régularisé, d'une puissance considérable et pour ainsi dire illimitée ;

3° Par un système d'action dégagé de toute complication et des dangers inhérents jusqu'à ce jour à des manœuvres compliquées et à l'usage du feu, que l'on doit toujours proscrire ;

4° Par un mode de conduite, dans toutes les directions verticales et horizontales, susceptible d'être pratiqué et surveillé par un seul homme ;

Et enfin, 5° par la faculté de vaincre à volonté les dangers de la navigation aérienne et d'éviter les couches atmosphériques agitées par les orages.

Au premier aspect, ces affirmations *à priori* porteront peut-être le caractère d'une excentricité susceptible d'être critiquée par certaines personnes, organisées de manière à n'envisager comme applicables que les moyens déjà appliqués ; mais, je le demande, est-il une seule découverte importante qui n'ait commencé par provoquer l'incrédulité et la raillerie des ignorants ? Ceux-ci accueillent d'abord par le rire des nouveautés dans lesquelles semblent n'apparaître que d'étranges bizarreries, et se demandent comment des hommes sérieux ont pu ainsi s'exposer volontairement aux *lazzis* de la foule. Plus tard, cependant, la réflexion arrive ; on examine les propositions, l'expérimentation a lieu, la possibilité de leur application se dévoile, et l'on ne peut alors voir sans étonnement apparaître, au lieu d'amusantes utopies, des procédés simples et faciles, dont l'expérimentation consacre le succès. Si nous consultons l'histoire de l'origine des découvertes qui honorent le plus l'esprit humain, nous verrons que tel a été le sort de la plupart d'entre elles. Et, comme l'a dit le judicieux La Rochefoucault : « *Nos jugements trop précipités sont toujours nos accusateurs.* »

*Aérostats militaires.* Les considérations qui précèdent démontrent combien est grande la facilité de transformer en de puissantes ma-

chines de guerre les aérostats propres aux voyages. Leurs propriétés d'élever dans les airs une charge considérable, et de pouvoir,
à l'aide de la machine de compression, monter et descendre à volonté, sans aucune perte d'hydrogène, et avec la faculté de rétablir
aussitôt l'équilibre dans la puissance aérostatique, les rendent émi-
nemment propres à cet objet.

Pendant les orages révolutionnaires de 93, le Comité gouverne-
mental établit à Meudon, près Paris, une école d'*aérostiers*, mais
seulement dans le but de faire servir les ballons à la reconnaissance
des positions de l'ennemi. Des essais furent tentés dans plusieurs
affaires militaires de cette époque, et particulièrement à Fleurus, à
Maubeuge, et au premier siége de Mayence. Mais les difficultés d'application que nous venons de signaler détournèrent l'attention de
cette science nouvelle, et toutes ces courses aériennes qui se sont
multipliées depuis, qui ont attiré tant de spectateurs et fait tant
de bruit dans les journaux, toutes ces prétendues expériences aérostatiques n'ont rien ajouté aux connaissances acquises jusqu'à ce
jour.

Le mode d'action des aérostats militaires que je propose réside
en entier dans l'exposé qui précède, des moyens de direction des
appareils ordinaires. Seulement nous devons ajouter que l'effica-
cité de nos machines de guerre n'est point subordonnée à la réus-
site du moyen indiqué de direction horizontale. La puissance de
notre moteur permettra, en effet, quel que soit le résultat de l'application de nos propositions, l'ascension d'un nombre suffisant
de projectiles fulminants, d'un effet assuré dans leur emploi
contre les insurrections, les corps d'armées et les forteresses. Nos
machines pourront être fixées perpendiculairement au-dessus des
points à attaquer, à l'aide d'un cordeau retenu par un moyen mécanique, ou par un groupe d'individus. Le conducteur aura toujours,
à l'aide de sa machine, la faculté de se maintenir à la hauteur né-
cessaire pour échapper aux atteintes de l'ennemi, et pouvoir cependant discerner les lieux sur lesquels on devra laisser tomber
les projectiles. L'extrémité du cordeau sera placée contre le vent,
de telle manière que l'aérostat soit conduit par les courants
mêmes au-dessus du point qu'il doit anéantir. Il suffirait, dans la
supposition d'un vent contraire, de tourner le foyer insurrectionnel.

Le conducteur de ces machines armées en guerre devra être
muni de lunettes, qui, par une disposition spéciale, permettront
de discerner les points d'attaque. Un gouvernail suffira pour la mo-

dification des mouvements horizontaux, et, à l'aide de signaux, les manœuvres du cordeau pourront s'effectuer, du sol à la machine, avec ensemble et précision.

Je crois inutile d'insister sur l'importance et le caractère d'utilité immédiate de ma proposition. Par son application, toutes les puissances de l'Europe se tenant à la fois sur la réserve, dans la prévision d'un danger commun, cesseront de s'armer les unes contre les autres, en réunissant tous leurs efforts pour la destruction de l'esprit révolutionnaire.

Mon système ne pouvant être appliqué clandestinement, sans frapper la vigilance de l'autorité, restera en son pouvoir exclusif, sans que la malveillance puisse jamais en tirer parti.

*Des remparts portatifs.* Le second point constitutif de mon système comprend, comme je l'ai dit, l'emploi de remparts portatifs. Appelé en juin dernier à défendre l'ordre et la propriété contre leurs audacieux ennemis, j'ai pu apprécier par moi-même le caractère affreux de la guerre des rues, de ces attaques de barricades pendant lesquelles la mort arrivait de points opposés, sur toute l'étendue de nos colonnes, et sentir la nécessité d'un appareil préservateur des atteintes d'un ennemi sûrement retranché dans des maisons, ou derrière de solides remparts de pavés. C'est dans cette lutte inégale que, mettant en présence les différentes combinaisons applicables, je m'arrêtai à un système rationnel d'attaque offensive et défensive, à l'aide de remparts portatifs en forme de guérite fortifiée.

Ces remparts se composent d'une espèce de hangar dont l'entrée occupe la partie postérieure, et dont les parois, formées de feuillettes mobiles de persiennes en fer, présentent, malgré la légèreté de leur construction, un bouclier à l'épreuve de la balle. Les dimensions de l'appareil varient en raison de l'importance et de l'élévation des points à attaquer. Quant aux moyens de mobilité, ils dépendent principalement de ces dimensions. Ainsi, un système très-simple de dispositions intérieures suffit au transport à pointe de bras des appareils de dimensions ordinaires, tandis qu'un système de roues à essieux mobiles constitue, par la possibilité de mouvements latéraux, le moyen de déplacement des appareils d'une dimension plus grande.

La partie supérieure, ou toiture de cette sorte de rempart, est couverte de trappes mobiles, par lesquelles des grenades sulfureuses, asphyxiantes, d'un effet irrésistible, peuvent être lancées à la main sur l'ennemi. Ainsi préservés, les combattants transportent eux-mêmes cette sorte de carapace, qui les garantit de manière à leur permettre l'approche immédiate, à l'abri des balles, des barricades et maisons envahies.

Les points essentiels de ce système furent portés à la Chambre dès le 6 juillet, jour de la mort du général Duvivier, et ce n'est que le 9 qu'il m'a été possible d'en entretenir l'un des questeurs de l'Assemblée nationale, M. Degousée, qui, par l'importance de leur objet, a voulu me remettre une constatation officielle de la priorité qui m'était due[1]. Ce système fut bientôt suivi de plusieurs autres, signe manifeste du caractère impérieux de la nécessité à laquelle ils se proposent de satisfaire. M. Auzou en proposa un cinq jours après ma communication à M. Degousée, c'est-à-dire le 11 juillet. Il diffère du mien en quelques points seulement, et particulièrement sur la proposition de créneaux, que j'ai cru devoir exclure, par cette raison qu'ils établissent en permanence des ouvertures dont l'adresse de l'ennemi pourrait profiter. Dans mon système, des feuillettes mobiles à échancrures se trouvent disposées de manière à ne s'ouvrir qu'au moment précis où il y a nécessité de tirer, et à se fermer aussitôt.

Le gouvernement français ayant ordonné l'expérimentation de ces systèmes, a déjà fait construire un grand nombre de ces forts portatifs, qui constituent aujourd'hui un matériel spécial au corps du génie.

*Conclusion.*—Tels sont les caractères généraux des deux points essentiels qui constituent mon système d'attaque et de défense, système également applicable dans les guerres internationales et dans la répression des insurrections armées. Son avantage le plus direct, pour tout ami de l'humanité, est de détruire les guerres entre les nations civilisées, unies entre elles par les arts, les sciences, le commerce, et qui deviennent une entrave sérieuse aux progrès

---

[1] La déclaration de M. le questeur est ainsi conçue :

« M. Boissonneau père, professeur de prothèse oculaire, demeurant à « Paris, rue Neuve-des-Mathurins, 17, m'a communiqué un projet « d'attaque offensive et défensive des barricades au moyen de retranche-« 'ments portatifs en forme de guérite fortifiée. Désirant constater la date « de cette communication, et pour rendre hommage à la vérité, je déclare « qu'il me l'a faite le 9 juillet dernier, en me témoignant l'intention d'en « faire l'objet d'un mémoire destiné à être envoyé à M. le ministre de la « guerre. »

civilisateurs qu'il est au pouvoir de notre époque de réaliser. Evidemment, on ne peut atteindre ce but que par des moyens irrésistibles et tellement redoutables à l'humanité, que la conscience des gouvernements recule devant leur emploi, et que l'anarchie, démoralisée, renonce d'elle-même à troubler nos cités paisibles par des tentatives violentes, désormais sans résultat.

Par l'application des deux parties constitutives de mon système, les exigences stratégiques, non moins que les intérêts de l'ordre social et de l'humanité, sont complétement assurés. Au point de vue de la stratégie, les appareils qui le composent sont, par leurs dispositions, susceptibles d'un transport rapide et facile, et, en tous temps et lieux, les projectiles dévastateurs, lancés à points fixes sur le quartier général, sur les magasins à poudre, au milieu des camps, etc., auront pour effet inévitable de paralyser, d'anéantir les forces de l'ennemi.

Sous le point de vue de l'ordre social, on préservera les cités du retour de ces insurrections audacieuses qui, dans ces derniers temps, se sont succédé si rapidement, au grand effroi des populations.

Au point de vue des intérêts de l'humanité, les avantages de mon système sont non moins décisifs, en ce sens que de braves soldats, disposés à braver fièrement la mort sur les champs de bataille, ne se verront plus décimés dans une lutte stérile et sans gloire. Si tant d'officiers généraux, aux sanglantes affaires de juin, sont tombés victimes de leur amour de l'ordre, c'est qu'ils marchaient, la poitrine découverte, contre des gens armés, niveleurs farouches, qui les attendaient tranquillement à l'abri de murailles impénétrables à nos coups.

Certes, je désire de toutes les forces de mon âme que jamais l'occasion ne se présente d'appliquer ces moyens destructeurs à la répression de nouvelles conjurations contre le repos public ; mais, le cas échéant, la vindicte publique réclame une prompte justice contre les agressions sauvages qui compromettent les intérêts et l'existence même de l'état social. Evidemment, ces intérêts ne peuvent être à chaque instant mis en question au profit des combinaisons de quelques ambitieux, ou de la réalisation violente de théories frappées de réprobation. Aux yeux de tous les bons citoyens, les institutions publiques, dans la plupart des pays d'Europe, offrent à tous les intérêts, matériels ou moraux, des garanties suffisantes de progrès et de bien-être, que le temps et l'expérience peuvent perfectionner encore. Aux mauvais citoyens seuls appartient donc la pensée de détruire des pouvoirs légitimes et respectés. Qu'ils portent la peine de leur perversité ! Quant à moi, j'ai cru devoir à la cause de l'ordre et de l'humanité, audacieusement menacée, la publication de moyens propres à la consolider désormais. En ceci, je ne fais que remplir un devoir d'honnête homme, dont je remets à la conscience des gouvernements le soin d'apprécier la sagesse et l'opportunité.

**FIN.**

# TABLE.

—